MW01714919

Adieu, bandits!

Suzanne Sterzi

Adieu, bandits!

avec des illustrations de l'auteure

COLLECTION **ATOUT**

HURTUBISE HMH

Données de catalogage avant publication (Canada)

Sterzi, Suzanne

Adieu, bandits !

(Atout)
Pour les jeunes.

ISBN 2-89428-109-9

I. Titre. II. Collection

PS8587.T47126A72 1995 jC843'.54 C95-941031-7
PS9587.T47126A72 1995
PZ23.S73Ad 1995

Le Conseil des Arts du Canada a accordé une subvention pour la publication de cet ouvrage

Directrice de la collection : **Catherine Germain**

Révision : **Claudine Vivier**

Conception graphique : **Nicole Morisset**

Illustrations : **Suzanne Sterzi**

Mise en page : **Mégatexte**

Éditions Hurtubise HMH, Limitée
7360, boulevard Newman
Ville LaSalle, Québec
H8N 1X2 Canada
Téléphone : (514) 364-0323

Dépôt légal/ 3e trimestre 1995
Bibliothèque nationale du Canada
Bibliothèque nationale du Québec

Imprimé au Canada

Les autres titres de la collection Atout

1. *L'Or de la felouque*
Yves Thériault

2. *Les Initiés de la Pointe-aux-Cageux*
Paul de Grosbois

3. *Ookpik*
Louise-Michelle Sauriol

4. *Le Secret de La Bouline*
Marie-Andrée Dufresne

5. *Alcali*
Jo Bannatyne-Cugnet
traduit de l'anglais par Sophie Boivin

6. *Adieu, bandits !*
Suzanne Sterzi

7. *Une photo dans la valise*
Josée Ouimet

8. *Un taxi pour Taxco*
Claire St-Onge

«Je suis née à Montréal avec une âme de nomade, un baluchon au fond du cœur. J'ai beaucoup voyagé et fait cent métiers. Le plus beau de tous : celui de maman.
De mon enfance, j'ai gardé le prénom de **Suzanne**. De mes voyages, j'ai rapporté, parmi mes souvenirs, le nom de **Sterzi**. Lorsque j'étais enfant, je montais sur les troncs d'arbre pour raconter des histoires à mes chats. Aujourd'hui, je suis peintre et je raconte aussi des histoires. Inventer des couleurs ou des mots, c'est comme faire un beau voyage.
Ce livre m'a été inspiré par trois choses: mon amour pour mes fils Matteo et Lorenzo, mon amitié pour mes amis sardes et ma passion pour l'Italie.
Si vous vous apprêtez à lire **Adieu, bandits!**, je vous souhaite bon voyage !»

À **Louise Leblanc**

mon amie,

en hommage à son talent

et à son humour.

1

LES RETROUVAILLES

Le boeing du vol 131 d'Alitalia en provenance de Montréal vient d'atterrir à l'aéroport de Milan. Le jeune Matteo est à bord. Cette année, ses parents ont décidé qu'il était assez grand pour voyager seul et passer des vacances en Italie. Il a hâte de retrouver sa grand-mère Fatma, sa tante Roby et, surtout, sa cousine Federica.

De l'autre côté des barrières de la douane, Matteo aperçoit sa grand-mère lui faire signe de la main. Joyeux, il empoigne son sac de voyage et se précipite vers la sortie. Il se fraie un passage parmi les voyageurs, en bouscule plusieurs et se précipite dans les bras de Fatma. Puis c'est au tour de Roby et Federica de l'embrasser, dans un brouhaha de rires, d'exclamations de joie, de baisers. Fatma dévore son petit-fils des yeux.

— Comme tu as grandi!

Malgré la joie, l'émotion est si grande que les larmes de grand-mère sont aussi au rendez-vous. Alors qu'ils s'apprêtent tous à sortir de l'aéroport, l'agent des douanes les rattrape précipitamment.

— Jeune homme! Vous oubliez quelque chose!

L'air sévère, il tend son passeport à Matteo.

— Oh! merci, répond piteusement le fautif.

Le visage de l'agent s'éclaire d'un large sourire.

— Il faut être plus attentif en voyage, tu sais?

— Excusez-le, répond immédiatement la tante Roby, c'est la première fois qu'il voyage seul et il est tout excité.

— Eh bien, faites attention à lui. J'ai l'impression qu'il va passer des vacances pas ordinaires...

— J'y veillerai, répond Fatma.

— Alors, bien du plaisir à tous! rétorque le douanier, qui lance un clin d'œil à Matteo avant de s'éloigner.

Le petit groupe se dirige vers le parking. Quand Matteo aperçoit la voiture de Roby, il a peine à retenir un fou-rire. Elle est si drôle, cette auto ! si minuscule ! si vieille ! Mais sa réaction n'a pas échappé à sa tante :

— Je sais, dit-elle, tu la trouves sans doute un peu petite, mais elle m'a toujours emmenée où je voulais, et tu sais ce qu'on dit ? C'est dans les petits pots...

— Et c'est dans les petites voitures qu'on trouve les bons conducteurs, pas vrai, maman ? lance Federica.

Éclat de rire général. Matteo va vite comprendre pourquoi. Pendant que lui et sa cousine, assis à l'arrière, se bombardent mutuellement de questions, le klaxon de la petite Fiat claironne à répétition. Elle a une conduite sportive, la tante Roby, c'est le moins qu'on puisse dire. Il s'agit de ne perdre aucun centimètre en se faufilant agilement dans la circulation. C'est un jeu qui demande des nerfs solides. Les yeux de Roby sont partout. Malgré ces manœuvres périlleuses elle discute allègrement avec sa mère, comme si de rien n'était. C'est la reine des tamponneuses, qui ne tamponne jamais !

Une fois à la maison, Matteo défait ses bagages et distribue les cadeaux d'usage: sirop d'érable, T-shirts de chez Roots, pantoufles en loup-marin et, surtout, musique «country» pour sa cousine. Elle en est toquée. Pour sa part, il préfère les rockeurs italiens comme Vasco Rossi. Chacun son exotisme! Federica adore la neige, parce qu'elle la voit seulement deux semaines par année, durant les vacances de Noël. Matteo, lui, préfère la chaleur et la mer qui lui manquent tant à Montréal. La mer... cette idée lui traverse l'esprit comme un éclair.

— Quand est-ce qu'on va à la mer, tante Roby?

— Justement, ce soir nous nous couchons très tôt, car demain c'est le grand départ pour la Sardaigne!

— Je n'aime pas cette région. Elle est infestée de bandits, commente la grand-mère.

— Voyons, maman, les bandits sont dans les montagnes. Et puis, ils ne s'occupent pas des gens ordinaires comme nous. Ils s'attaquent à des touristes très riches.

— Ça ne fait rien, je ne suis pas tranquille.

— Il faut bien que Matteo voie son oncle Peppino.

— Mon parrain m'attend, lance Matteo. Il me l'a écrit il y a deux semaines.

— Et puis le petit a vraiment besoin de soleil et d'iode, continue la tante Roby. Tout un hiver sous la neige, c'est dur!

— Chanceux, glisse Federica à Matteo avec l'air enjôleur de celle qui veut se faire inviter.

— La prochaine fois, c'est toi qui viens. À Noël! répond Matteo. N'est-ce pas Tantine?

— Nous verrons cela. Pour le moment, la seule chose que je peux vous promettre, c'est de préparer un bon dîner.

Le repas se déroule dans l'allégresse générale. L'oncle Claudio, arrivé un peu plus tard, a versé du vin rouge à tout le monde. Pour fêter les retrouvailles, Federica et Matteo ont droit, eux aussi, à une lampée.

— J'en ai l'eau à la bouche, déclare l'oncle Claudio, les yeux rivés au grand bol de pâtes fumantes.

— C'est comme ça que je préfère les spaghetti, ajoute Fatma. À ta façon, Roby, parfumés au basilic.

Matteo, lui, salive surtout à l'idée de tous ces projets excitants que fait miroiter la tante Roby : le voyage en bateau, la rencontre avec Peppino au café de la place, l'arrivée à la ferme...

— Qu'est-ce qu'il a sur sa ferme, l'oncle Peppi ? demande Matteo.

— Pflein de fchoges, bafouille Federica, trop pressée de répondre. Elle avale de travers, manquant de s'étouffer sur un spaghetti qui ne sait s'il doit descendre ou bien remonter.

Fatma lui présente un verre d'eau et Claudio lui administre quelques petites tapes amicales dans le dos. À peine remise, le visage encore écarlate, elle reprend de plus belle :

— Il a des poules, un coq, des canards, des chats, un cheval, un tas de machines agricoles...

Une seconde pour souffler et elle poursuit :

— Le tracteur, le camion pour transporter le liège, le chien Flic, les oliviers, la vigne et surtout, mon cher Matteo, tu sais quoi ?

— Non...

— Au bout du champ, il y a la... LA ? LA MER !

— Youpi ! Alors Tantine, quand est-ce qu'on y sera ?

— Ne t'énerve pas trop, s'exclame Fatma. Rappelle-toi ce que t'a dit le douanier : « Tu dois être plus attentif en voyage ! » Tes parents t'ont fait confiance en t'envoyant seul ici, il faut t'en montrer digne et faire preuve d'une plus grande maturité.

— Ma petite *nonna* adorée, mais tu es là pour me surveiller, justement, lance ironiquement Matteo.

— Non, Matteo, je n'irai pas avec vous, reprend la *nonna* de sa voix douce. La chaleur me fait du mal, le docteur me l'a dit. J'attendrai ton retour avec impatience. Tu auras sûrement mille choses à me raconter. La dernière semaine de tes vacances, nous ferons trente-six folies !

Elle sert très fort Matteo dans ses bras et l'embrasse sur la joue. Ses yeux s'embuent à nouveau de larmes. Décidément, la *nonna* est une championne du trémolo, et Matteo se sent tout ému. L'atmosphère devient tristounette. Roby, comme toujours, reprend les choses en main.

— Nous avons rendez-vous avec Peppino lundi midi, au café de la place centrale d'Oristano.

— Youpi ! entonnent les cousins.

— Tchin-tchin!, lance Claudio en levant son verre de vin pour inviter tout le monde à se réjouir.

— Tchin-tchin! reprennent-ils tous en chœur, entrechoquant maladroitement leurs verres dans un tintement joyeux.

2

LE PETIT GROS ET LE GRAND MAIGRE

Lundi, en fin de matinée. Accoudé au comptoir du *Cafe Centrale*, l'oncle Peppino sirote un jus de pamplemousse, en compagnie d'un de ses amis, le peintre Antonio.

— C'est aujourd'hui un grand jour, s'exclame Peppino. J'attends ma sœur Roby, de Milan, et sa fille Federica. Elles viennent me rendre visite avec Matteo. Tu sais, mon filleul. Il arrive tout droit du Canada. Enfin! Ses parents ont consenti à nous le confier pour l'été!

— Il a dû grandir depuis le temps que je l'ai vu! Quel âge a-t-il, maintenant?

— Treize ans. C'est un gentil garçon... un peu espiègle, mais qui ne l'est pas à treize ans?

— Certainement, puisque nous le sommes encore, n'est-ce pas Peppino?

— Ha! Ha! ... À la santé de Matteo!

Peppino avale sa dernière gorgée en jetant de la monnaie sur le comptoir. Il n'a pas remarqué, au fond de la salle, deux individus à l'allure louche qui prennent un café. Un petit gros et un grand maigre. Comme dans les histoires drôles.

— T'as entendu? chuchote le maigre à la casquette, en se penchant vers l'autre, qui s'est affublé d'un bermuda ridicule — un bermuda un peu bouffant aux motifs bariolés qui lui donne l'air de porter un jupon.

— Ouais, ça pourrait bien être le gosse en question, répond le petit gros, en se caressant mollement le menton.

— C'est lui, j'te dis! T'en connais beaucoup de gamins canadiens de treize ans qui viennent seuls en vacances en Sardaigne?

S'apprêtant à sortir du café, Antonio jette un coup d'œil furtif à ces deux étranges clients. Un peintre a l'habitude de tout embrasser du regard, à l'affût de ce qui pourrait l'inspirer. Mais son attention revient vite vers son ami, à qui il tend la main.

— Ciao Peppino, il faut que je te quitte. J'ai encore bien du travail à faire sur ma fresque, notamment une dizaine de petits anges. J'aurais bien pris Federica et Matteo comme modèles, mais à douze et treize ans, ils sont déjà un peu grands pour jouer les chérubins ! Venez donc me voir un de ces jours !

— Compte sur nous! Mais attends-moi, je sors aussi. Je vais aller m'installer pour lire sur la terrasse.

Ils quittent le café et se dirigent d'un pas tranquille vers le kiosque à journaux. Peppino achète *Panorama,* son hebdomadaire préféré, et Antonio un fascicule de mots croisés. Puis, toujours de leur démarche d'écoliers oisifs, ils se rendent ensemble chez le fleuriste du coin.

— Nous allons leur offrir un bouquet digne d'une arrivée triomphale! Je te remercie de m'accompagner Antonio, ton avis me sera précieux.

— Je peux te conseiller sur les couleurs, mais aussi sur les parfums, car il faut avoir le pif artistique !

— Antonio, tu es un grand artiste. Même tes natures mortes au mur de mon salon embaument toute la pièce !

— Ha ! Ha ! N'exagérons rien.

Quant à nos deux étranges personnages, ils ont eux aussi quitté la fraîcheur du café et se sont arrêtés au kiosque à journaux.

— Donnez-moi le *Corriere,* dit le grand maigre à la vendeuse.

Il lui tend sa monnaie en glissant machinalement le journal dans la poche de son veston. Puis, il se penche à l'oreille de la femme :

— Pardon mademoiselle, connaissez-vous le monsieur qui s'est arrêté il y a un instant ? Tenez, celui qui sort de chez le fleuriste, là...

— Mais c'est Antonio ! Notre peintre national, répond la dame presque scandalisée d'une pareille ignorance. Un peu agacée, elle poursuit : Et puis ne faites donc pas autant de manières. Vous m'avez bien regardée ? Est-ce que j'ai l'air d'une « mademoiselle » ?

— Faut l'excuser, madame, intervient le petit gros, il ne voit pas très bien sans ses lunettes. Et l'autre, le gros qui l'accompagne, qui est-ce ?

— Qu'est-ce que vous lui voulez à Peppino ? rétorque la vendeuse qui marmonne en aparté : « Il est moins gros que toi, mon cher... »

— Ha ! Oui, Peppino ! s'exclame le grand maigre. Il me semblait bien que je le connaissais ! C'est pas lui qui vend des voitures du côté de Cabras ?

— Pas du tout, rétorque la femme de plus en plus impatiente. Peppino Manca ne vend pas de voitures, il vend des olives et du liège, il a une ferme à Cabras, près de la mer...

Elle s'arrête une seconde.

— Et en quoi ça vous intéresse, les olives de Peppino ?

Décidément, ces types ne sont pas sympathiques. Elle leur tourne le dos et s'affaire à mettre de l'ordre dans ses journaux.

Les deux hommes, satisfaits des informations obtenues, s'éloignent sans même la saluer.

Peppino, installé à la terrasse du café, attend fébrilement l'arrivée de sa famille. La place est silencieuse. La ville se repose. C'est l'heure du déjeuner et les gens sont rentrés chez eux pour manger.

D'ailleurs, Peppino commence lui aussi à sentir un petit creux. Et un petit creux chez un homme bien bâti, ça fait du bruit. Les gargouillis de son estomac l'empêchent de se concentrer sur sa lecture. Tout à coup, le son d'un moteur qui se rapproche lui fait oublier le bruit de la faim qui le tenaille. Les voilà ! Quelques secondes encore et la vieille Fiat rouge de Roby fait son entrée sur la place.

C'est une joyeuse bousculade. Tout le monde s'embrasse dans un concert de rires et de salutations. Et sans plus tarder, on décide de se rendre à la ferme.

Plantée au beau milieu d'un champ d'oliviers, à flanc de colline, la maison de Peppino se cache derrière un gigantesque buisson de cactus. C'est une villa ancienne, un peu austère. Pour y accéder, il faut franchir un vieux portail dissimulé dans les roseaux qui bordent la route.

Autrefois, les paysans aisés se faisaient construire des portails monumentaux qui témoignaient de la richesse de leur propriété. Le portail de Peppino,

d'un rose délavé où subsistent encore quelques motifs floraux, se lézarde. L'immense grille rouillée s'ouvre sur une allée bordée de romarin.

Un autre monde. Matteo en reste bouche bée. Tout le surprend. La nouveauté des parfums. Les bruits de la campagne : le vent dans les bambous, l'infatigable cigale et le pok!pok! des poules. Et puis la chaleur enveloppante, presque insoutenable à cette heure du jour. Heureusement que les vieux murs de pierres grises de la maison conservent la fraîcheur de la nuit.

Dans l'après-midi, le temps s'écoule au rythme du *farniente* et des découvertes. Découvertes, pour Matteo, de tous les trésors que renferme le domaine de son oncle. Peppino invite sa nièce et son neveu à faire le tour de l'oliveraie. Quelle stupéfaction de découvrir des arbres plutôt rabougris au tronc noir et tordu, parfois centenaires. Les vieilles branches explosent de vitalité, elles portent des milliers de petits fruits verts. Des grappes et des grappes de petites boules pas plus grosses que des têtes d'allumette, qui se transformeront bientôt en bonnes olives noires et juteuses.

— Savais-tu, mon neveu, que c'est lorsqu'elles sont noires que les olives sont mûres ?

— Et les vertes qu'on mange, alors, elles ne sont pas mûres ?

— Les vertes, je les fais tremper quelque temps dans une saumure pour en adoucir le goût.

— Quand pourra-t-on les cueillir ? demande Matteo, excité.

— C'est dommage, mais tu ne seras plus ici, répond Peppi avec regret. C'est vers le début septembre que je cueille les premières. Derrière la maison, tu vois, là-bas, il y a le pressoir.

— La presse les écrase. Skrountch ! Et l'huile d'olive apparaît, n'est-ce pas Peppino ?

— Exact, Federica. Et cette huile, mon cher Matteo, c'est le fin du fin ! Dorée, parfumée, douce au palais... Mmm ! s'exclame-t-il triomphalement en embrassant le bout de ses doigts, un vrai bijou, l'huile de Peppino !

— Dommage que je ne puisse pas y goûter!

— Ne t'en fais pas, des olives, il y en a des pots énormes dans l'armoire de la cuisine, le rassure Federica.

— Ha! Je vois que mon garde-manger a déjà eu la visite d'une petite souris de la ville!

On entreprend ensuite le tour du potager, et on en profite pour cueillir des tomates et des courgettes et choisir une belle salade pour le repas du soir. Puis, laissant Peppino à ses occupations, les deux cousins partent à la course vers la plage pour saluer la mer en se promettant d'y passer la matinée du lendemain. Ils reviennent à la maison en marchant sur le vieux mur de pierre. Matteo s'amuse à déranger les familles de lézards qui, figés de béatitude dans la tiédeur de cette fin de journée, détalent à la vitesse de l'éclair.

Le soir, après le dîner, Matteo téléphone à Milan pour saluer Fatma et la rassurer. Il s'endort avec le sourire en pensant qu'il lui reste encore vingt et une autres super-journées à passer en Sardaigne.

3

UNE VOIX RAUQUE

Matteo, réveillé très tôt par un bruit de moteur, bondit de son lit et dévale les escaliers. Il découvre Peppino dans la cour, juché sur son tracteur.

— Tu t'en vas, oncle Peppi ?

— Oui, je dois aller vérifier l'épaisseur de l'écorce de mes chênes-lièges. Encore quelques centimètres, je crois, et puis ça y est.

— Qu'est-ce qui se passe alors ?

— Eh bien... je leur fais la peau !

— Arrête de blaguer ! Pourquoi tu les tues ?

— Mais je ne les tue pas, je les déshabille, tout simplement. Et puis, l'écorce, elle repousse ! Pense à toutes les jolies bouteilles qui attendent un bouchon de liège !

— Bien sûr! J'avais oublié que les bouchons de liège provenaient de l'écorce d'un arbre.

— On fabrique aussi plein d'autres choses avec cette écorce, tu sais? Des porte-crayons, des flotteurs, des étuis à lunettes et j'en passe.

— Oncle Peppi, tu me montres comment tu fais pour les déshabiller?

— Je te montrerai. C'est très amusant, comme un effeuillage. Quelques incisions, et hop! plus d'écorce. À la fin, ils se retrouvent tout nus... presque indécents, tu verras, ha! ha!

— Peppi, tu te moques toujours de tout.

— Le travail doit être un plaisir. Contrairement à ce que l'on croit, Matteo, nous sommes sur terre pour nous amuser et pas pour pleurnicher comme...

— ... Comme la *nonna*, chuchote Matteo en riant, heureux de sa complicité avec Peppino.

— Qu'est-ce que vous complotez, tous les deux? lance d'un ton railleur Federica qui arrive en courant.

— Matteo me disait que vous alliez à la mer ce matin. Eh bien, bonne baignade et à ce soir, les enfants.

— Ciao! Ciao, Peppi, à ce soir!

Une fois leur oncle parti, les cousins se dépêchent de déjeuner. Ils préparent chacun leur sac de plage en écoutant les consignes de Roby: emporter une gourde d'eau bien fraîche et, surtout, ne pas oublier de se couvrir le corps d'une crème solaire. Après les derniers conseils d'usage, Roby leur donne rendez-vous vers onze heures à l'Aiguille.

— Qu'est-ce que c'est, l'Aiguille? demande Matteo à sa tante.

— Une roche très pointue au milieu de l'eau, à quelques mètres de la rive. Sur une plage de douze kilomètres de long, c'est un point de repère idéal. Allez les enfants! À plus tard, et soyez prudents!

Federica et Matteo filent droit en direction des oliviers. Une promenade d'un quart d'heure environ. Une fois passée l'oliveraie, ils devront encore marcher une cinquantaine de mètres sur un sol de plus en plus sablonneux pour atteindre enfin l'immense dune parsemée de palmes naines, de cactus et de lys des sables. Et en haut de cette dune ce sera LE SPECTACLE! Du bleu, du turquoise, de l'azur à s'en mettre plein la vue.

Les deux cousins, brûlant d'impatience, trottinent allègrement sous l'ombre des vieux arbres. Soudain, Federica s'arrête pile.

— Tu as vu mon foulard?

Étonné, Matteo fait signe que non. Federica dénoue le fichu qu'elle porte autour du cou.

— Regarde, c'est le drapeau de la Sardaigne!

— Oh! Super! Mais... c'est bizarre, tu ne trouves pas? Ces quatre têtes de Noirs avec les yeux bandés...

— Ce sont des Maures. La Sardaigne a été envahie par toutes sortes de peuples: les Phéniciens, les Romains, les Arabes, les Espagnols et plein d'autres que j'oublie. Même les pirates venaient attaquer les envahisseurs. Voilà pourquoi il y a tant de tours qui jalonnent les côtes de notre île.

— Il a dû s'en passer des histoires de flibustiers pour que les Sardes choisissent un drapeau pareil !

— Sûrement. Tiens, je t'en fais cadeau.

Federica noue le foulard autour du cou de son cousin.

— Je te remercie. Je vais le conserver précieusement.

Ils reprennent le chemin de la mer au petit trot. De nouveau, Federica s'arrête en se retournant brusquement.

— Tu n'as rien entendu ?

— Non, répond nonchalamment Matteo

Ils se remettent en route. Mais Federica n'est pas tranquille. Elle accélère l'allure.

— Hé ! Attends, lui crie Matteo, tu vas trop vite.

— J'ai un pressentiment. Dépêchons-nous, Matteo.

Elle presse encore le pas et se retourne de temps à autre. Matteo s'arrête et se retourne aussi. Il aperçoit soudain une silhouette derrière un arbre.

— Federica, vite ! Courons !

Ils détalent au grand galop. Trop tard. Deux hommes les poursuivent en les talonnant de près. Puis tout se passe très vite. Matteo n'a le temps de rien voir. Quelqu'un se jette sur lui. Il s'effondre. Pour l'immobiliser, l'individu lui applique la pointe d'un couteau sur la gorge.

— Viens m'aider! lance le bandit à son acolyte.

L'autre homme, qui a bousculé Federica pour la faire tomber, arrive en courant. Matteo n'ose pas bouger car la pointe du couteau lui chatouille la peau. Il distingue seulement deux jambes grasses et poilues. Retourné violemment face contre terre, il sent qu'on lui lie les mains derrière le dos. Puis c'est le noir. On lui a enfilé un sac de toile sur la tête. Il voudrait hurler de toutes ses forces mais son cri s'étouffe dans sa gorge. Résister est inutile. Il se laisse emmener sous la poigne des deux bandits. Au loin, il entend les cris désespérés de Federica :

— Au secours! Au secours!

Elle se relève avec peine, et se rend compte qu'une cheville lui fait mal. À nouveau, elle hurle de toutes ses forces.

— Au secours! Peppino! À l'aide!

En vain... Impossible de courir pour aider son cousin. Malgré la douleur, elle

se traîne jusqu'en haut de la dune pour voir disparaître un petit bateau qui passe derrière l'aiguille et prend le large.

Elle s'effondre, hurlant de rage et de chagrin.

— Matteo! Nooon! Noon!

Les yeux noyés de larmes, elle reste là quelques secondes, paralysée par le choc. Que faire? Vite! Peppino! Il faut retourner à la maison. Prévenir l'oncle Peppino.

À la ferme, le retour en catastrophe de Federica a l'effet d'une bombe. UN ENLÈVEMENT! C'est la stupeur et la consternation.

— Mais comment est-ce possible? s'interroge Peppi.

Roby, silencieuse, s'est recroquevillée au fond d'un fauteuil, complètement abattue. Federica n'a pas cessé de sangloter depuis son retour.

— C'est ma faute! C'est ma faute!

— Qu'est-ce que tu racontes, ma chouette?

Peppino cherche à la consoler.

— C'est la faute de ces maudits...

Incapable de rester en place, il fait les cent pas d'un bout à l'autre du salon.

— Une vraie calamité, ces enlèvements! Je ne comprends pas pourquoi on s'attaque à nous! D'habitude, ces bandits enlèvent des millionnaires.

Il reprend son va-et-vient. Puis s'arrête...

— Tu en as déjà vu, des millions, ici? Je ne sais pas ce que ces gangsters ont dans la tête mais ils veulent de l'argent, ça c'est sûr! Ils ne reculeront devant rien.

— Il faut prévenir la police, supplie Roby.

— Pour le moment, vaut mieux pas. Attendons de leurs nouvelles pour savoir ce qu'ils veulent au juste.

— Tu te souviens de monsieur Casula? demande Federica en larmes. C'est comme ça qu'il a perdu son fils...

Cette évocation éveille chez Peppino de très mauvais souvenirs.

— Mais non, mais non, Federica. Ne pense pas au pire. Monsieur Casula n'a pas eu de chance. La police avait bloqué son argent à la banque pour l'empêcher de payer la rançon. Les autorités croyaient mettre la main sur toute une bande. Nous, nous n'allons pas prévenir la police et puis... nous avons sans doute affaire à des amateurs...

De longues, très longues minutes s'écoulent. Un silence oppressant s'installe. Tout le monde attend.

DRRRRINNNG! Peppino se précipite, décroche :

— Nous voulons deux milliards de lires, ordonne une étrange voix rauque.

— Mais c'est impossible! Vous êtes fous! Comment pourrions-nous trouver une somme pareille?

— Quand on est le magnat de la presse canadienne, on trouve les sous pour sauver son fils.

— Mais c'est une erreur! Vous vous êtes trompés! Le père de Matteo n'est pas ce que vous...

Clic!... BZZZZ... On a raccroché.

Peppino s'effondre sur le divan.

— Terrible méprise... incroyable erreur... c'est épouvantable, balbutie-t-il.

4

NURAGHUS

Couché au fond de l'embarcation, dévoré par la peur, Matteo étouffe ses sanglots. Il ne voit rien. Il a les mains ligotées derrière le dos. Mille questions l'assaillent. Pourquoi ? Que vont-ils faire de moi ? Que dira Peppino ?... et la *nonna* ? La *nonna*... elle va sûrement pleurer toutes les larmes qu'il lui reste... Seul le vrombissement régulier du moteur le rattache à la réalité, car tout, dans cette histoire, tient du mauvais rêve.

Soudain, le moteur baisse de régime puis se tait. Le bateau continue de glisser lentement. Et progressivement, le clapotis des vagues contre la coque se transforme. Le son devient plus clair, tout résonne. Les voix des deux ravisseurs retentissent. Leurs mots se répètent. C'est l'écho. Une grotte marine, pense

Matteo. Une grotte qui ne doit pas être très éloignée de la plage et de la ferme, car le trajet a été bref.

Il se sent soudain empoigné. On le soulève sans ménagement et il se retrouve sur la terre ferme.

On l'a assis sur quelque chose de dur et de froid. L'humidité, insensiblement, le pénètre. Ses poignets commencent à lui faire mal, mais il ne veut pas y penser. Il préfère garder la tête froide et recueillir le plus d'indices possibles en écoutant attentivement tout ce qui se passe.

Depuis un moment, les deux hommes se taisent. On entend seulement un froissement de papier de temps à autre. Une voix en colère brise le silence.

— Merde! Tu sais qu'on s'est trompé d'enfant?

— Pourquoi tu dis ça?

— Regarde, là, sur le journal...

Nouveau froissement de papier, suivi d'un long silence...

— Merde... C'était écrit dans le *Corriere* que j'ai acheté hier à Oristano.

— Ouais...Le fils de Palebo, le magnat de la presse canadienne, il est arrivé à Olbia via Zurich. Pas à Oristano !

— Crétin ! Comment t'as pu penser qu'il pouvait se passer quelque chose de spécial à Oristano ?! Il ne se passe jamais rien dans ce bled !

— Crétin toi-même, t'aurais pu t'informer !

— Qu'est-ce qu'elle va dire, la chef ?

— Tu connais Nuraghus, elle aime pas les bavures...

— Ni les crétins...

— On va se faire engueuler comme du poisson pourri ! Et moi ça m'énerve de me faire engueuler par cette grande efflanquée.

— Écrase ! Il faut suivre la consigne comme prévu et lui amener le gosse à la tombée de la nuit.

Une longue attente commence alors pour Matteo. Une attente glaciale. Il entend l'eau qui suinte de partout. De temps à autre, un bruit de pas. Une partie de cartes entre les deux hommes. Le vol d'une chauve-souris, sans doute. Et dans les silences, des gouttes d'eau qui tombent et s'éclatent en tombant. Il pense au robinet de la baignoire à la maison... La maison... comme elle lui semble loin en ce moment.

Une envie soudaine de crier, de hurler. La panique. Une horrible peur de mourir. Il grelotte. Des frissons de froid, des frissons d'effroi.

Le temps passe et la faim qui le tenaille lui donne des crampes au ventre. Il sombre dans le découragement. Une autre partie de cartes commence à côté. Les deux complices se chamaillent.

— Belote et rebelote, s'exclame une voix grasse. Tu me dois trente mille lires! Ha! ha!

— Ouais, et ben on verra ça plus tard, parc'que maintenant faut y aller.

Matteo se sent brusquement empoigné par le collet. Une autre main l'attrape par le fond de culotte.

— Départ quai numéro 1, ricane celui qui adore faire des farces plates, même s'il est toujours le seul à en rire.

Matteo atterrit brutalement au fond de la barque.

— Ha! ha! ha!

Le rire est nerveux et agace Matteo, qui essaie d'imaginer à quoi peut ressembler cet horrible type. Ça doit être le rondouillard, celui dont il a aperçu les jambes poilues.

Les deux hommes embarquent à leur tour, et le petit bateau repart. Malgré sa position très inconfortable, malgré ses mains liées et le sac de toile qui lui emprisonne la tête, Matteo éprouve une agréable sensation. L'air doux et chaud lui caresse la peau. Les parfums de la mer parviennent jusqu'à ses narines. Jamais l'odeur du varech ne lui avait paru si douce. S'il y a du varech, c'est que nous longeons la côte, songe aussitôt Matteo. Le clapotement régulier de la mer apaise un moment ses craintes. Bercée par le léger tangage et le ronronnement du moteur, son imagination se laisse aller...

Quelle belle promenade il ferait s'il était en compagnie de Peppi! Ils regarderaient la côte défiler lentement, avec ses tours profilées sur le ciel comme des ombres chinoises. Des tours construites par les Espagnols pour se défendre contre les pirates. Et son oncle lui raconterait mille batailles de flibustiers et de conquérants. Une fois la nuit tombée, ils chercheraient ensemble la Grande Ourse et l'Étoile polaire. Ils mangeraient un *pannino* ... c'est certain, avec Peppino, ils s'amuseraient comme des fous. Mais hélas, les fous, ce sont les deux gangsters qui l'ont enlevé!

Le moteur se tait brusquement et Matteo sort de sa rêverie. Le voyage lui a semblé court.

— La tournée est terminée, tout le monde descend! Ha! ha!

— Silence, et cesse de rire comme un idiot, chuchote l'autre.

Encore une fois, Matteo est empoigné sans ménagement et déposé brutalement sur le sol. Après quelques pas, on s'arrête; une porte grince.

Quelques pas à nouveau. Ils traversent une cour et passent une autre porte. Puis, d'interminables marches. Des escaliers qui n'en finissent plus de monter. Matteo les compte. Quatre étages, au moins. Une autre porte s'ouvre.

— Le v'la!

On pousse Matteo. La porte se referme.

— Bande de crétins! Vous ne pouvez pas réfléchir un peu avant de faire un coup?

Une voix rauque et forte les accueille.

— On s'excuse, chef. On fera plus jamais d'coup tout seuls !

— Dis donc, Nuraghus, comment tu sais qu'on s'est trompé ?

— Tête de lard ! Tous les journaux de la Sardaigne parlent du petit Palebo reçu par l'Aga Khan sur la Costa Smeralda. Et toi, tu pensais qu'il venait à Oristano !

— Ha ! ha ! éclate de rire le rondouillard.

— Il n'y a pas de quoi rire, triple buse ! Maintenant il faut réfléchir et ça, c'est mon domaine. Viens ici, mon petit, ajoute la voix rauque sur un ton plus doux.

Matteo se sent guidé gentiment dans une autre pièce. Nuraghus dénoue ses liens.

— Sur la table il y a des fruits, si tu as faim.

La femme sort rapidement en verrouillant la porte. Une fois seul, Matteo s'empresse d'enlever le sac qui lui emprisonne la tête. Dans la pénombre, il distingue la porte et court y coller son oreille.

— Il faut s'en débarrasser.

— S'en débarrasser... Bon débarras! Ha! ha!

— Peut-être, dit la voix rauque, mais il faut quand même essayer d'en tirer quelque chose... Son père doit bien avoir quelques sous. Demain mercredi, on fera les démarches. Et jeudi au plus tard, tout sera réglé. Sans bavure! Faut pas que ça traîne, c'est déjà assez mal parti comme ça!

De nouveau, la voix se radoucit:

— Tout de même, il a l'air gentil, ce petit... Allons nous coucher, ordonne-t-elle ensuite sèchement.

Matteo cherche le commutateur. Voilà! L'éblouissement passé, il aperçoit sur une table un plat de fruits. Il a faim. Il prend une pêche bien ronde et une poignée de cerises et se dirige vers la fenêtre aux volets entrebâillés. Il essaie d'ouvrir les persiennes, peine perdue.

Accoudé sur le bord de la fenêtre, il mange tout en regardant à travers la mince ouverture. Il évalue à quelle hauteur il se trouve et se souvient de toutes les marches qu'il a gravies péniblement. Il laisse tomber les noyaux de cerises qui disparaissent dans le noir. Impossible de s'échapper.

En face, il y a le port. Un réverbère illumine la jetée. C'est là que le bateau de ses ravisseurs a accosté.

«Je ne suis pas loin de chez Peppi, songe-t-il; une demi-heure de barque jusqu'à la grotte, plus une autre demi-heure jusqu'ici, ça fait une heure de Cabras, tout au plus. Peut-être me cherchent-ils, en ce moment?»

Matteo plonge à nouveau son regard vers le bas. Il remarque soudain, sous le rebord de la fenêtre, une petite corde à linge. On y a même laissé deux pinces à linge. Il lui vient une idée. Après avoir dénoué le foulard autour de son cou, il glisse une main dans l'entrebâillement, puis une autre, et habilement, réussit à fixer le drapeau de la Sardaigne sur la corde. Voilà qui pourrait servir d'indice, pense-t-il. Peut-être que l'oncle Peppi viendra par ici, remarquera le foulard et je serai sauvé. Rassuré, il va s'allonger sur le lit.

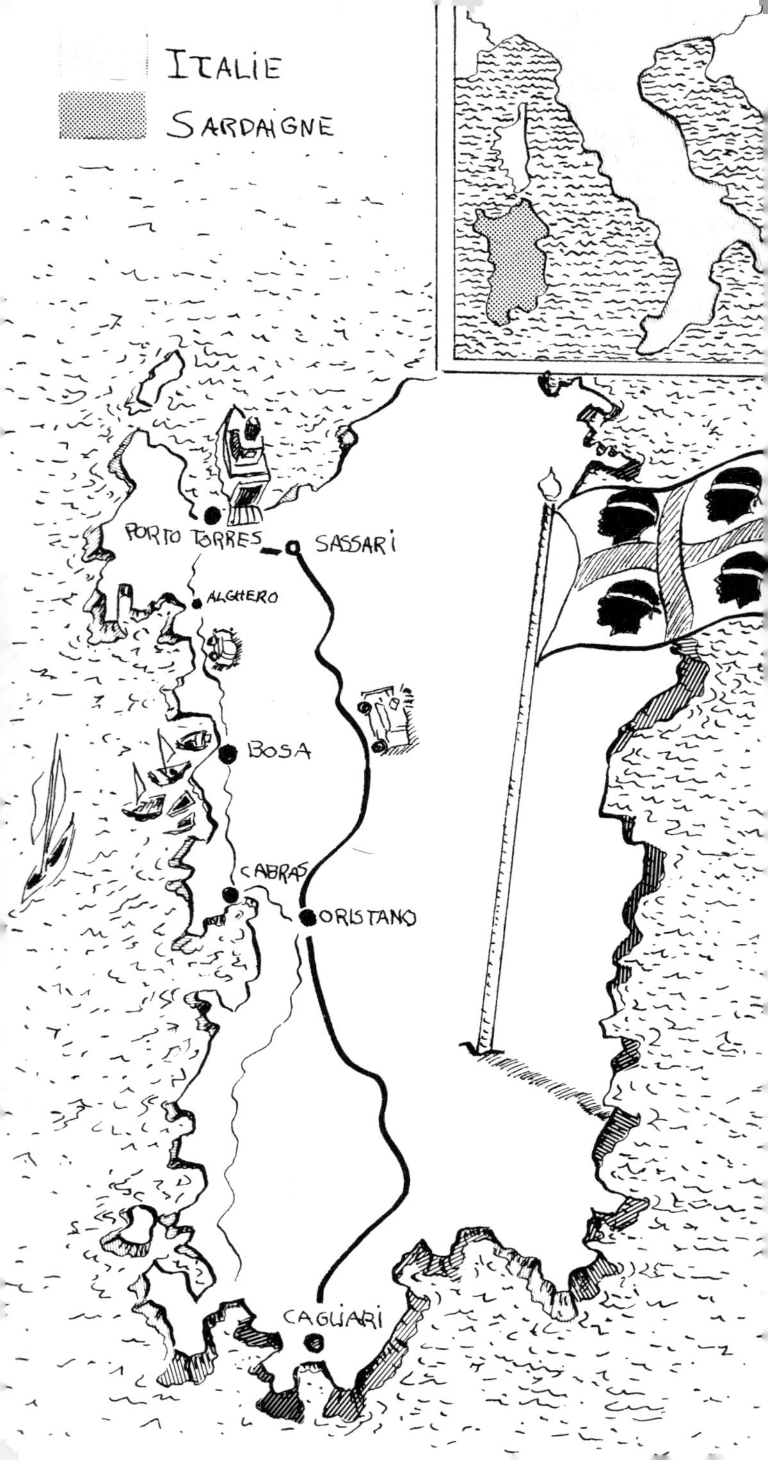
ITALIE
SARDAIGNE
PORTO TORRES
SASSARI
ALGHERO
BOSA
CABRAS
ORISTANO
CAGLIARI

5

LA DAME AUX PASTÈQUES

Le jour se lève à peine quand on vient le chercher. Nuraghus et ses deux hommes de main sont tous les trois masqués. Matteo reconnaît ces masques. Ce sont ceux de la Sartillia, le carnaval de la région. Il en a déjà vu, accrochés au mur du salon, chez Peppino. Les hommes portent le masque de cuir brun moulé aux formes d'un visage sans expression, presque statuaire. Nuraghus se cache sous un masque peint, au fini nacré. Les lèvres sont rouge sang. Seule, l'expression inquiétante des regards noirs émerge dans l'immobilité du masque. Cette mascarade est très impressionnante. Elle rend Matteo encore plus nerveux.

Le gros saisit Matteo par le poignet et lui fait une clé de bras. Tout se passe très rapidement. Personne ne parle. On descend l'interminable escalier à toute vitesse jusqu'à la porte d'entrée, qui s'ouvre tout d'un coup. Une femme entre en trombe. Patatras! C'est la collision! La femme laisse tomber la cruche qu'elle tenait à la main. Le gros trébuche et lâche le bras de Matteo, qui bondit et se met à courir. Il court, il court, il court. Mais il a quand même le courage de leur crier en s'échappant:

— Adieu, bandits!

Il passe une autre porte, traverse une petite cour et débouche sur la rue. Il reprend sa course, tourne à gauche et aperçoit au loin, sur une grande bâtisse, l'inscription *Stazione*. C'est la gare. Il est peut-être sauvé. Il se précipite dans la gare, traverse le hall et débouche sur le quai. Miracle! Un train roule lentement le long de la voie. Il s'élance, s'agrippe à la poignée d'une portière et se hisse sur le marchepied. Il réussit à ouvrir et s'engouffre à l'intérieur du wagon. Ouf! Il se colle à la fenêtre pour apercevoir ses deux poursuivants, essoufflés, qui gesticulent avec rage.

3
u, bandits !

Leur proie envolée, les deux bandits sortent de la gare tout penauds. Au coin de la rue, Nuraghus les attend au volant de sa voiture.

— Vous l'avez perdu? Où est-il, bande d'incapables?

— Ben... il a pris le train de six heures quinze...

— Bon. C'est celui qui va à Porto Torres. Suivez le train par la petite route avec l'Alfa et arrêtez-vous à chaque station pour l'attraper au cas où il aurait l'idée de descendre.

— Et toi Nuraghus?

— Moi, je file par l'autoroute. Appelez-moi en cas de pépin. On ne peut pas le rater.

Sur ce, elle démarre en trombe.

— Rendez-vous à Porto Torres, leur crie-t-elle avant de disparaître à la vitesse de l'éclair.

Les deux hommes, figés sur place, se regardent quelques secondes.

— Une chance qu'elle a le téléphone dans sa bagnole.

— Elle pense vraiment à tout, cette femme. Allons-y!

Cinq heures du matin, à la ferme. Peppino fait toujours les cent pas. Il attend un autre appel des ravisseurs, qui ne donnent toujours pas signe de vie.

— Je ne peux plus rester comme ça à attendre! Viens avec moi, Federica, on va faire un tour. On pourrait trouver des indices. Toi, Roby, reste ici au cas où le téléphone sonne.

En montant dans sa voiture, Peppino demande à sa nièce:

— Tu dis qu'ils l'ont emmené en bateau?

— Oui, un bateau rouge et blanc.

— Alors il faut faire tous les petits ports de la côte en commençant par le plus proche. Avec de la chance, on trouvera le bateau.

Ils prennent à travers champs la route qui longe la mer. Le soleil se lève à peine. À l'horizon, sur la ligne où se rencontrent le ciel et la mer, se mélangent des couleurs flamboyantes.

— Regarde les reflets roses, Peppi.

— La mer est toujours aussi belle, n'est-ce pas Federica?

Ils traversent un village. Puis deux. Toujours rien... Peppino tente de rassurer sa nièce même si, au fond de lui, l'inquiétude le ronge.

— Ne te décourage pas. Il faut être patient. Tiens, on arrive à Bosa. Allons voir, c'est une ville plus importante, on ne sait jamais... Et puis on pourra appeler Roby et prendre un café.

— Une brioche, répond Federica qui commence à avoir faim.

Peppino gare la Fiat devant un café sur le port. En descendant de voiture, il s'arrête pour consulter le ciel, comme font tous les paysans pour savoir quel temps il fera.

— Des nuages! Peut-être y aura-t-il un peu de pluie, ça fera du bien aux aubergines.

Federica lève aussi les yeux vers le ciel. Son regard s'arrête sur une fenêtre. Incroyable! Là-bas, sur une petite corde à linge, elle aperçoit un foulard semblable à celui qu'elle a donné à Matteo. Un pressentiment! C'est le sien, elle en est certaine.

— Peppi, s'écrie-t-elle, c'est le foulard que j'ai donné à Matteo!

— Ce n'est qu'un de ces drapeaux...

Ils jettent instinctivement un coup d'œil sur les bateaux amarrés dans le petit port.

— Là, regarde, une embarcation rouge et blanche! s'exclame Federica.

— Oui. Mais, il y en a une autre, et même deux, un peu plus loin. Comment peux-tu savoir laquelle est la bonne?

— Je t'en prie! Il est dans cette maison, j'en suis sûre!

Peppino réfléchit. Ce sont parfois les choses les plus invraisemblables qui finissent par arriver!

— Allons-y!

Ils s'approchent de l'édifice, hésitent un moment et essaient d'entrer. Malheureusement la porte est verrouillée. De l'autre côté de la rue, une grosse dame affairée à placer des fruits dans son kiosque lève le nez de ses cageots pour observer la scène.

— Qu'est-ce que vous voulez? crie-t-elle à Peppino.

Peppino s'approche.

— Vous n'auriez pas vu un gamin aux cheveux frisés, de treize ans environ, avec des bermudas kaki et un T-shirt blanc?

— Si, je l'ai vu. Même qu'il avait l'air de s'amuser. Deux amis qui portaient des masques couraient après lui! Et lui, il se sauvait en criant: «Adieu, bandits!» A-t-on idée de jouer au carnaval en plein été? Et tout ça, bien d'bonne heure ce matin!

Lisant dans les yeux de Peppino un vif intérêt, elle poursuit:

— J'le sais parce que, moi, j'ai la clef de l'édifice pour aller chercher de l'eau dans la cour arrière. Vous comprenez, ces fruits-là, ça doit se manger frais, il faut toujours les arroser...

Elle lui tend une tranche de pastèque bien fraîche.

— Vous en voulez?

Peppino n'a pas le cœur à manger du melon.

— Vous ne savez pas dans quelle direction ils sont allés? demande-t-il.

— Ben... non! Eux y sortaient, pis moi j'entrais.

— Bon, articule faiblement Peppi en se grattant la tête. C'est dommage ! Viens Federica, on va marcher un peu. Merci, madame.

Comme ils s'éloignent, la dame aux pastèques leur lance :

— Ah! oui! J'ai entendu une voix crier : « Il va vers la gare » ou quelque chose du genre...

— Oh ! Merci du renseignement, merci beaucoup !

Peppino et Federica s'élancent au pas de course en direction de la gare. Ils se précipitent à l'intérieur, droit vers le guichet. Plusieurs personnes font déjà la queue.

— Excusez-moi, c'est urgent ! dit Peppino, en bousculant les gens.

— Non mais ! Y a des gens qui exagèrent ! s'exclame une femme qui porte un gros paquet sous le bras.

— Faut pas vous gêner ! ajoute un monsieur moustachu.

— Ici, à Bosa, tout le monde fait la queue, renchérit une dame très distinguée.

Alors Federica fond en larmes et se met à hurler.

— Mon cousin a été enlevé cette nuit! S'il vous plaît, il faut faire vite, il est en danger de MORT! On veut savoir quel train il a pris...

Un silence consterné accueille ses paroles.

— C'est pas moi qui peux vous dire où il est allé, vot'cousin, ma p'tite chérie, intervient le préposé au guichet.

Peppino l'interrompt d'un ton cassant :

— Quelle est la destination des premiers trains du matin?

— Y viennent tout juste de partir. Celui de six heures va jusqu'à Sassari, c'est un express. Et celui de six heures quinze se rend à Porto Torres pour le ferry de huit heures vers le continent.

— Merci monsieur! Viens Federica...

Ils sortent de la gare et se dirigent vers leur voiture.

— Les deux trains vont vers le nord, explique Peppino. Il faut prendre la route qui longe la voie ferrée dans cette direction. S'il a sauté dans un train, c'est direction nord. Il faut suivre cette piste.

— Tu ne prends pas un café? demande Federica qui commence à avoir faim.

— Pas l'temps.

Seule à la ferme, Roby attend des nouvelles, rongée d'inquiétude. Enfin, le téléphone sonne. Elle répond d'une voix tremblante.

— Allo!

— Nous savons que votre Matteo est le fils d'un industriel montréalais. On s'est trompé d'enfant, mais si vous voulez le revoir, faudra payer. On veut 500 millions de lires. Demain. On vous rappellera.

On a raccroché. Roby est désespérée! Et cette étrange voix rauque lui a donné des frissons dans le dos. «Mon Dieu, comment prévenir Peppino?»

Elle décide après mûre réflexion d'avertir la police.

Une demi-heure plus tard, deux policiers se présentent à la ferme.

— Bonjour Madame. Je suis l'inspecteur Mancamai. Que s'est-il passé? Racontez-moi tout en détail.

Roby relate du mieux qu'elle peut l'enlèvement, et tend à l'inspecteur une photo de Matteo.

— Vous savez, répond celui-ci, des enlèvements, il y en a tellement. Et c'est la rapidité de l'intervention qui compte dans une affaire comme celle-ci. Vous avez déjà trop attendu. Mais nous ferons notre possible.

Sur ces paroles peu rassurantes, l'inspecteur Mancamai se retire, accompagné de son adjoint. Il promet toutefois à Roby de la tenir au courant du moindre indice.

À une cinquantaine de kilomètres de là, un train file. Le train qui emporte Matteo. Celui-ci a retrouvé son sang-froid et il est allé s'asseoir sur une banquette du corridor. Presqu'aussitôt un contrôleur arrive.

— Billets s'il vous plaît !

— Excusez-moi, Monsieur...

Matteo s'approche.

— On m'a enlevé... murmure-t-il.

Le contrôleur se penche pour mieux entendre.

— Je n'ai pas de billet parce que je me suis sauvé. Mon nom est Matteo Leblanc. Je suis le neveu de Peppino Manca, de Cabras. Il faut prévenir ma famille.

Le contrôleur, interloqué, réfléchit.

— Tu ne serais pas un petit farceur, par hasard?... Attends-moi ici. Je fais la tournée et je reviens.

Il ouvre la porte du premier compartiment en lançant joyeusement son «Messieurs dames, billets s'il vous plaît!» Mais dans son esprit, le doute s'installe. S'il disait vrai, ce gamin...

Matteo a perdu courage. Il est fatigué, il a faim et terriblement peur. Il n'ose parler à personne. J'irai à Milan chez grand-mère Fatma tout seul! pense-t-il. Je vais me cacher dans ce train jusqu'à Porto Torres. Je prendrai le ferry pour le continent comme passager clandestin et là, je sauterai dans le premier train pour Milan. Réconforté par cette décision, il s'accoude à la fenêtre.

Le ruban de la route qui suit la voie ferrée luit sous le soleil du matin. Matteo observe la trajectoire d'une voiture blanche qui roule à la même vitesse que le train. La route se rapproche soudain de la voie et le véhicule se retrouve à moins de trente mètres du wagon. C'est une Alfa Roméo.

Une voix le fait sursauter.

— Écoute petit, lui dit le contrôleur qui repasse dans le corridor, on arrive bientôt en gare d'Alghero. Tu pourras descendre pour aller voir la police de la station, si tu le désires.

— Oui, M'sieur.

À nouveau seul, Matteo jette un coup d'œil furtif par la fenêtre. Bizarre! L'Alfa Roméo file toujours à la même allure que le train. Il distingue deux passagers, qui semblent surveiller attentivement le train. Matteo devient nerveux. La moindre chose lui semble suspecte. C'est étrange que cette voiture suive continuellement le train, songe-t-il. Et si c'étaient ses deux ravisseurs? Cette idée le paralyse. Il scrute désespérément la voiture, tente de reconnaître ses occupants. Peine perdue! La route fait un brusque écart et disparaît derrière une haie de cactus.

— Prochain arrêt, Alghero, dans dix minutes! annonce un haut-parleur.

— Zut! Une station! Ils vont sans doute monter dans le train, marmonne Matteo.

Il décide de se cacher dans les toilettes jusqu'à ce que le train quitte Alghero.

Au même moment, Peppino, sans pitié pour sa Fiat, fonce à pleins gaz et arrive en trombe à la gare d'Alghero.

Quelques minutes plus tard, nos deux gangsters débouchent eux aussi sur la place et s'arrêtent devant l'entrée de la gare.

— Va vite téléphoner à Nuraghus, ordonne le gros au grand maigre. Et achète-moi du chocolat. Tu déduiras ça de ta dette à la belote. Ha! ha!

L'autre descend de voiture et d'un pas pressé, entre dans la gare. Au moment où il va s'engouffrer dans la cabine téléphonique, il se heurte à un jeune marin qui s'apprêtait à en faire autant.

— C'est moi le premier, gronde le bandit d'un ton menaçant en bousculant le marin.

Le jeune homme comprend qu'il vaut mieux ne pas discuter avec un individu de cette espèce. Contrarié, il regarde sa montre et s'éloigne.

Dans la cabine, la conversation s'engage entre l'homme à la casquette et Nuraghus.

— Salut, chef. On est à Alghero. On l'a pas vu sauter du train. Et toi, où es-tu ?

— Minus ! Je suis devant la gare. Je t'ai vu entrer, tu es passé juste à côté de moi. J'attendais votre appel parce qu'il y a changement de programme.

— Ah ! oui ?

— Le train doit arriver dans cinq minutes. Moi, je monte dedans et je trouve le gosse. Vous autres, vous filez droit à Porto Torres. Vous m'attendrez là-bas, sur le quai avec un fauteuil roulant. Débrouillez-vous pour le trouver. Vu ?

— Ah ! bon.

— J'ai déjà réservé des billets par téléphone, pour le bateau. Allez les chercher à l'agence *I Viaggi Rapidi*. C'est un ami.

— Ah ! bon..

— Y a quatre allers et trois retours, tu m'suis ?

— Qui est-ce qui r'vient pas, Nuraghus ?

— T'es vraiment nul ! Pense à celui qui va faire plouf... ni vu, ni connu, plus de problème. Tu piges ?

— Bonne idée... mais comment tu vas faire pour le traîner avec toi ?

— T'occupe pas. Soyez à l'heure, hein? Et cesse de poser des questions sinon ça va faire plouf, plouf !

Elle raccroche. Le grand maigre, assommé par des ordres aussi énergiques, reste immobile quelques secondes, le combiné collé à l'oreille. Il retourne à la voiture et s'assoit sans dire un mot.

— Et mon chocolat ? demande le gros.

— Bah ! J'ai oublié...

— T'es vraiment bon à rien, aussi nul qu'à la belote ! Ha ! ha ! Et alors, qu'est-ce qu'elle a dit la chef ?

— Maintenant qu'on a le temps, allons prendre un café que j't'explique.

6

DES GÂTEAUX SECS

Le train vient de s'immobiliser en gare d'Alghero. Une cantine volante longe le quai, offrant des rafraîchissements aux voyageurs penchés aux fenêtres.

— Le train en provenance de Cagliari, destination Porto Torres, départ dans huit minutes ! annonce le haut-parleur.

Matteo est toujours tapi dans les toilettes. À plusieurs reprises, on a essayé d'ouvrir la porte. Des gens attendent. De longues minutes s'écoulent. Deux coups de sifflet et enfin, le train s'ébranle. L'oreille collée contre la porte, Matteo n'ose quitter sa cachette. Et si les deux bandits étaient montés dans le train ?

Il jette un coup d'œil par la fenêtre. Sapristi ! Sur le quai, là, Peppino et Federica, qui le cherchent ! Mais le train prend de la vitesse.

— Peppino ! Federica ! ...

Inutile ! Ils n'entendent pas et Matteo les perd très vite de vue.

Désespéré, il se laisse glisser sur le sol et se met à pleurer comme un bébé. Il frappe la surface métallique de ses poings.

— Pourquoi n'ai-je pas regardé avant? Pourquoi ?

Matteo essuie ses larmes. La tempête qui l'agitait s'apaise, mais l'angoisse demeure. Cette peur qui l'habite et le ronge. Une peur qui le plonge parfois dans la détresse, mais qui le pousse aussi à se ressaisir. Il réfléchit. Peppino et Federica sont donc sur sa piste. Pourvu qu'ils persévèrent et l'attendent sur le quai à Porto Torres !

Le train est reparti. Peppino et Federica, déçus, s'assoient sur un banc du quai.

— Et si on n'était pas sur la bonne piste? sanglote-t-elle, tout en mangeant une brioche achetée à la cantine. Peut-être qu'on perd tout ce temps pour rien... Et Matteo, lui...

— Je sais, Federica ! Mais il faut aller jusqu'au bout. À partir de maintenant, finis les arrêts. On va filer droit sur Porto Torres par l'autoroute. Nous y serons avant le train et pourrons voir tous les passagers descendre... Il y a une chance que Matteo soit là. Allons-y.

D'un pas décidé, Federica et son oncle retournent à la Fiat stationnée près de la gare. Peppino démarre rapidement, mais il est nerveux et maladroit. Il fait une fausse manœuvre et la Fiat vient emboutir la voiture garée derrière. Une Alfa Roméo blanche. Il jette un coup d'œil dans son rétroviseur. Les deux occupants n'ont pas l'air contents. Mais à sa grande surprise, l'Alfa démarre quand même.

— *Stupido*! lui crie le passager par la portière, tandis que l'Alfa disparaît à vive allure.

— Heureusement qu'ils étaient pressés! déclare Peppino. On aurait perdu du temps.

— C'est bizarre, quand même!

— Oui. Ils n'ont même pas vérifié s'il y avait des dégâts.

— Une si belle voiture...

— Peut-être étaient-ils aussi pressés que nous ?

À cette idée, Peppino redémarre sans plus tarder pour aller rejoindre l'autoroute.

Bercé par le bruit rythmé du train, Matteo regarde le paysage défiler par la fenêtre. Juste après le départ, il a vu la voiture blanche quitter la route parallèle à la voie ferrée et emprunter une autre direction. Les deux hommes ne sont donc pas montés. Rassuré, il sent tout son corps se détendre. Il imagine qu'à Porto Torres, il pourra descendre et se jeter dans les bras protecteurs de Peppi.

Épuisé, il décide de quitter sa cachette et d'aller s'asseoir. Dans le premier compartiment, presque vide, est assise une femme assez grande, un panier à provisions sur les genoux. Elle porte un châle sur ses épaules. En face d'elle, un jeune militaire et sa fiancée causent gentiment. Matteo s'installe discrètement sur la banquette à côté de la dame au châle.

Dix minutes passent dans un silence que seul le bruit rythmé des essieux vient meubler. La femme ouvre alors son sac à provisions pour en extraire des gâteaux secs.

— Vous en voulez? demande-t-elle au jeune couple.

— Non merci, répond timidement la jeune fille blonde.

— Et toi, tu en veux, mon petit? dit-elle en s'adressant à Matteo.

Matteo a faim. Il n'a rien mangé depuis les quelques cerises de la veille.

— Oh! oui, merci Madame.

Il prend un gâteau et mord à pleines dents.

— C'est bon, n'est-ce pas? demande la dame.

Matteo fait signe de la tête. Cette femme l'agace un peu, avec son sourire mielleux.

— Tu en veux un autre?

— S'il vous plaît.

Il mange son deuxième gâteau et cherche à comprendre ce qu'il ressent. Qu'est ce qui le met mal à l'aise? Les yeux de braise de cette femme? Son aspect physique imposant? Sa voix?... sa voix rauque comme... Mais pourquoi se sent-il soudain si fatigué? Le balancement régulier du train l'endort. Il voudrait

résister, penser à cette voix rauque. Ses paupières deviennent lourdes. Il faut lutter. Ne pas dormir. Inutile. Il sombre doucement dans un profond sommeil.

À sept heures trente, le train entre en gare de Porto Torres. Sur le quai, divers employés de la *Societa Ferroviaria* parlent entre eux : les porteurs, l'aiguilleur, des contrôleurs.

Le train s'immobilise et déjà les premiers voyageurs descendent. Peppi et Federica sont là. Ils regardent attentivement tout ce qui se passe. Mais ce n'est pas facile de chercher quelqu'un au milieu de tout ce mouvement. Les chariots à bagages se fraient un chemin parmi la foule, traçant des sillons dans cette marée humaine.

À un certain moment, Federica aperçoit une silhouette qui lui semble familière.

— Matteo ! crie-t-elle.

Un gamin se retourne. Il porte des lunettes et ne ressemble pas du tout à Matteo.

De son côté, Peppino observe un étrange trio s'éloigner. Une femme de haute taille, flanquée de deux hommes, pousse un fauteuil roulant où semble dormir un enfant. Il est emmailloté de la tête aux pieds dans un châle de soie bleue, le visage couvert d'énormes lunettes noires. Quelle drôle de compagnie, pense-t-il.

— Bizarre, murmure-t-il. Ces gens-là me rappellent quelque chose.

Il dirige son attention à nouveau vers le train et les derniers passagers qui descendent. Pas de Matteo.

Federica et Peppi se retrouvent bientôt seuls sur le quai, en compagnie d'un balayeur. Ils attendent encore un peu au cas où... Chacun lit la déception sur le visage de l'autre.

— Mais ce n'est pas possible! s'écrie Federica en se jetant dans les bras de son oncle.

— Nous nous sommes sans doute trompés, répond Peppi.

— Maintenant, il est perdu ! Matteoo...

— Ne pleure pas. Écoute, allons faire un tour en ville.

Il la prend par le cou pour l'embrasser et Federica se calme lentement.

7

LE MARIN

Peppino et Federica ont passé une partie de la matinée sur les quais du port, à surveiller les vacanciers qui embarquaient dans le ferry de huit heures quinze. Puis, ils sont allés se promener en ville observer les gens. Vers midi, ils décident d'aller manger une bouchée avant de rentrer à Cabras.

Au restaurant *Il Porto,* tout près du port, l'agitation est à son comble. Les tables rondes aux petites nappes blanches sont prises d'assaut par des voyageurs embarrassés de valises. Le prochain bateau pour le continent est à vingt heures. Le bruit est assourdissant.

— Allons voir s'il y a une table dehors, propose Peppi.

Un bel auvent jaune ombrage une dizaine de tables installées sur le trottoir. Une haie d'arbustes bien fournis entoure la terrasse et la protège contre les bruits et la poussière de la rue. Près de la porte, une table se libère à l'instant.

— Vite! Allons nous asseoir, s'exclame Peppino.

Au garçon qui arrive, il commande sur le champ deux bonnes assiettées d'*orecchiette* à la sauce tomate, un pichet de vin blanc et de l'eau minérale. Ils commencent à manger sans échanger un mot, les yeux fixés sur leur assiette, chacun perdu dans ses pensées. Federica brise le silence.

— Tu ne trouves pas, oncle Peppi, que nous devrions avertir la police?

Peppi, la gorge nouée par l'angoisse, est incapable de terminer son repas. Il repousse son assiette.

— Je vais appeler Roby tout de suite. Attends-moi.

Federica jette un coup d'œil autour d'elle: à sa droite, un couple d'amoureux et trois militaires en permission; à sa gauche, une bruyante tablée de lycéens en vacances et une famille d'Allemands; plus loin derrière, deux sexagénaires bronzés qui trinquent joyeusement.

Son regard s'arrête à la table du fond. Une table retirée, presque cachée dans les arbustes. Une femme athlétique y mange en compagnie de deux hommes un peu ridicules. Ces personnages la font d'abord sourire, mais à côté de leur table, dans un fauteuil roulant coincé dans la verdure, dort un enfant. Ce spectacle attriste Federica. Les trois comparses mangent rapidement et personne ne semble se préoccuper de l'infirme. Federica ressent un malaise. Pourquoi ne peut-elle s'empêcher de fixer son attention sur ces gens ?

À deux pas de là, de l'autre côté de la haie, un marin s'est arrêté pour allumer une cigarette. Tout en frottant une allumette, il surprend les bribes d'une étrange conversation.

— Tiens, v'la les billets ! Cabine 126. Départ à vingt heures.

— Moi, j'comprends pas pourquoi y faut attendre toute la journée. Pourquoi on n'est pas partis à huit heures c'matin, au lieu d'attendre jusqu'à vingt heures ?

— Ouais c'est vrai ça, Nuraghus! Pour une agence qui s'appelle *I Viaggi Rapidi*, c'est minable!

— C'est vous, les minables! chuchote Nuraghus. Un paquet, ça ne se jette pas par-dessus bord en plein jour, devant tout le monde!

— T'as raison.

— Tu peux dormir tranquille cette nuit, Nuraghus. On s'occupe de l'opération Plouf.

— Parle donc moins fort! Et tu veux rire? J'aime le travail bien fait, moi. Le paquet est léger et bourré de somnifères. J'en fais mon affaire.

Le marin, intrigué par ces propos bizarres, s'approche de la haie. Sous prétexte de rattacher son lacet, il se penche et jette un coup d'œil à travers les troncs ligneux des acacias.

— Un si joli gosse, c'est dommage, ajoute la femme à la voix éraillée.

— Un jour, ton cœur d'artichaut te jouera un vilain tour, Nuraghus.

Le matelot n'en revient pas! L'homme qui vient de parler, c'est le malotrus de ce matin, à Alghero. Il en est certain. Celui de la cabine téléphonique.

Un moment d'hésitation... puis il décide de prévenir la police. Il se précipite à l'intérieur du restaurant

— Le téléphone! demande-t-il au patron.

— Au fond du corridor.

La cabine est occupée par un mastodonte qui lui tourne le dos.

— Décidément, c'est pas ma journée!

Le matelot attend quelques secondes. Il trépigne sur place jusqu'à ce qu'il n'en puisse plus. Ouvrant brusquement la porte, il arrache le combiné des mains de Peppino et coupe la communication.

— Excusez-moi mais c'est très, très urgent!

— Non mais dites donc! explose Peppi, en voilà des manières!

— C'est un cas de FORCE MAJEURE! crie le marin de plus en plus tendu.

Peppino regarde le matelot dont le visage transpire à grosses gouttes. Ses yeux trahissent une angoisse... il décide d'abandonner la querelle et retourne s'asseoir auprès de Federica.

Il la retrouve devant deux assiettes vides, immobile, fixant le fond de la terrasse.

— Tu as déjà terminé tes pâtes... et les miennes ! sursaute Peppi.

Federica a mangé machinalement, les yeux rivés à la table du fond, scrutant les faits et gestes des singuliers convives. Même le retour de son oncle n'a pas distrait son attention.

— Cesse donc de regarder les gens comme ça, Federica.

Peppino est agacé. Il n'a plus faim mais il a besoin d'un rafraîchissement. Il appelle le garçon.

— Deux glaces au citron et l'addition, s'il vous plaît.

Le temps s'est alourdi. La chaleur est humide et la moiteur de la canicule s'abat sur la ville.

— Quelque chose de frais nous fera du bien... Federica ! tu pourrais au moins me regarder, fait Peppino, énervé par l'entêtement de sa nièce.

— Oh ! Excuse-moi, Peppi. Je trouve que ces gens ont quelque chose de tragicomique. Cette femme beaucoup trop costaude pour ces deux hommes. Cet infirme camouflé derrière des lunettes noires. Ce gros dégoûtant qui rit tout le temps et ce... Hé!

Le grand maigre s'est levé pour aller aux toilettes. Il passe à côté de Federica.

— Oncle Peppino! Tu as reconnu ce gars-là?

— Qui est-ce? s'étonne Peppi.

— C'est l'homme à la casquette de la belle voiture. Celui qui t'a traité de *stupido.*

— Mais oui, tu as raison. C'est ce qu'on appelle avoir le sens des physionomies. Je te félicite.

— C'est tout ce que ça te fait? Tu ne trouves pas ça bizarre?

— Non. Il n'y a rien de bizarre. J'ai vu ces gens à la gare. Sans doute avaient-ils rendez-vous avec la dame et le malade. Voilà pourquoi ils étaient si pressés.

Le garçon de table arrive avec les glaces.

— Mange, Federica, et cesse de loucher vers la table du fond. Ça fait une heure que tu les dévisages.

Pour la distraire, Peppino lui raconte sa mésaventure avec le matelot et l'informe que Roby a déjà averti la police.

— Elle attend toujours des nouvelles, dit-il en soupirant. Et c'est tout ce qu'il nous reste à faire, nous aussi. Retourner à la maison et attendre.

— Je t'en prie, oncle Peppi, restons à Porto Torres jusqu'au départ du bateau. Quelque chose a dû nous échapper. Nous pourrions trouver un autre indice.

La détermination de Federica étonne Peppino, qui accepte la proposition. Après tout, elle a peut-être raison.

8

ÇA PORTE CHANCE !

En fin de journée, la chaleur suffocante de l'après-midi se dissipe sous l'effet d'un vent sec et rafraîchissant qui vient des collines. C'est le mistral. Les voyageurs commencent à se diriger avec armes et bagages vers l'embarcadère. Les voitures, les autocars, les camions et remorques s'agglutinent devant la cale arrière du ferry, prêts à s'engouffrer dans les entrailles du navire. Les enfants courent, les parents crient et les toutous, déjà en cage, aboient. L'atmosphère est fébrile et joyeuse.

Sur la *Superstrada* en direction nord, une Alfa GT bleu marine file à toute vitesse. L'inspecteur Mancamai et son adjoint Angelo foncent à pleins gaz vers Porto Torres.

— Il faut absolument arriver avant le départ du bateau, grogne l'inspecteur.

— Qui vous a mis la puce à l'oreille? demande Angelo.

— La concordance entre deux témoignages. Celui du contrôleur du train et l'appel du marin. Pas de doute, le petit Matteo est en danger.

— Pourquoi n'avez-vous pas prévenu les autorités du port, chef?

Avant même que l'inspecteur ait le temps de répondre, un chien berger noir bondit du bas-côté et traverse la route, tel un fauve enragé. L'inspecteur esquive l'animal en donnant un violent coup de frein qui fait déraper l'auto.

— Ouf!.. Quels réflexes, bravo chef! souffle Angelo quelques secondes plus tard, le visage encore décomposé par la peur.

— Ça va! merci, répond l'inspecteur, visiblement fier de lui. Mais que fichait donc cet animal sur l'autoroute?

— Oh! regardez, chef!

Une masse grise et mouvante, surgie de nulle part, envahit soudain la chaussée.

Calmement, l'air de flâner, une centaine de chèvres et moutons se mettent à déambuler au beau milieu de la voie.

— Mais... qu'est-ce que c'est que ça? gronde l'inspecteur en s'extirpant de la voiture.

Il n'a pas fait deux pas qu'il se retrouve au milieu du troupeau. Désorienté, il essaie de lutter contre ce flot bêlant, mais glisse sur de petites boules brunes et gluantes.

— Merde!

— Vous l'avez dit, chef, lui crie l'adjoint amusé par les tribulations de son chef. On dit que ça porte chance!

— Fiche-moi la paix, Angelo!

Déséquilibré par cette marée de moutons, l'inspecteur se met à hurler.

— Ohé! Ohé! Dégagez...

— Bèèèèè! Bèèèèè! répondent les bêtes.

Hors de lui, l'inspecteur Mancamai veut un responsable. Un coupable.

— Si je le coince, ce salaud, ce berger de... de...

Un individu hirsute mais tout à fait paisible émerge tranquillement du fossé.

— Dégagez, dégagez la voie! lui crie Mancamai.

Pour bien signifier l'urgence de la situation, Angelo allume les gyrophares et enclenche la sirène. Les moutons, nullement impressionnés, poursuivent *andante* leur chemin.

— Faut pas vous énerver comme ça, mon bon monsieur ! lance le pâtre.

— Que fichent vos moutons sur la *Superstrada* ? questionne l'inspecteur rouge de colère.

— Ben... D'abord, j'ai perdu mon chien... Pis j'l'ai cherché... Pis les moutons y s'éparpillent...Alors, je r'trouve mon chien sur l'autoroute. Y a personne... Pis ça va plus vite...

— Dégagez illico, ou je vous colle une contravention pour non-respect de la vitesse minimale !

— Mais moi, j'vais à la vitesse «animale», mon capitaine !...

— Dégagez, mon ami, ordonne Angelo qui a pris le volant. C'est dangereux pour les bêtes, pour vous et pour tout le monde. Ici, la vitesse permise est de 150 km heure.

— Ce ne sont pas des moutons à turbo, que je sache ? ironise Mancamai en sortant un calepin de sa poche. Il se met à

griffonner quelque chose puis, l'œil malicieux, regarde le berger.

— Vos nom et adresse. Vous recevrez une convocation pour nuisance publique, entrave à la justice, insulte à un représentant de la loi et complicité d'enlèvement...

Le berger se rembrunit. Il gratte pensivement sa barbe, puis plonge la main dans la broussaille de ses cheveux noirs.

— Ben j'pensais pas faire tant de choses si graves...

— Vous dégagez ou quoi? vocifère l'inspecteur.

— Tout de suite, tout de suite, mon capitaine.

— Que de temps perdu, marmonne Mancamai en s'engouffrant dans l'Alfa.

— Avez-vous prévenu les autorités portuaires? lui redemande Angelo.

— Ça fait deux fois que vous me posez la même question, Angelo. C'est du harcèlement!...

Mancamai n'aime rendre de comptes à personne, et encore moins à un jeune stagiaire inexpérimenté et prétentieux.

— Bien sûr! Bien sûr que j'ai averti la police du port. Je leur ai demandé de m'attendre avant d'entreprendre quoi que ce soit. Il m'ont promis de retarder le départ du traversier.

— Ben alors, pourquoi s'énerver, chef?

— Il y a retard et retard. Je veux procéder moi-même à l'arrestation et le bateau ne pourra pas attendre indéfiniment... Accélérez donc un peu qu'on rattrape le temps perdu.

Une heure plus tard, l'inspecteur et son adjoint arrivent à Porto Torres. La dernière voiture vient de s'engouffrer dans la cale du ferry et les matelots s'apprêtent à refermer la porte. La GT bleu s'arrête devant le bureau de police du port. Les deux policiers bondissent de la voiture et l'inspecteur se retrouve nez à nez avec un *carabiniere*.

— Vous êtes l'inspecteur Mancamai?

— Lui-même. Voici mon adjoint Angelo Spanna. Pouvons-nous voir le marin en question?

— Certainement. Vous le trouverez sur le bateau. J'ai donné ordre que le traversier reste à quai jusqu'à ce qu'on fasse la lumière sur cette affaire.

— Je vous remercie... heuh... capitaine...?

— Capitaine Tiramisu, se présente l'officier, qui lui fait le salut militaire en claquant les talons, la main à sa tempe.

— Enchanté, réplique Mancamai en lui tendant simplement la main. Pouvons-nous monter tout de suite?

— Je vais vous faire accompagner par un matelot, cela fera moins officiel. Je crois que la discrétion est de mise.

— Tout à fait. Je vous remercie, répond Mancamai, qui aime faire son boulot sans s'encombrer de personne.

Il gravit la passerelle, son adjoint sur les talons, et se dirige vers la salle de radio.

9

LES BASKETS VERTES

Sur le port, le terrain de stationnement est maintenant presque désert. Une vieille Fiat garée le long du quai semble faire tapisserie. Un homme et une petite fille, assis sur le capot de la voiture, regardent les passagers retardataires se hâter vers la passerelle.

— Nous ne pouvons tout de même pas partir avec le ferry ! s'exclame Peppi, brisant un silence qui dure depuis dix bonnes minutes et qui a visiblement plongé les deux compagnons dans la dépression la plus noire.

— Non, bien sûr... marmotte Federica, les yeux fixés sur les derniers voyageurs qui montent à bord.

— Si ces bandits ont embarqué Matteo à l'intérieur d'une voiture, on ne pourra jamais trouver quoi que ce soit, ajoute Peppino de plus en plus déprimé.

— Regarde, se met à crier Federica, tu vois, sur la passerelle? C'est la femme avec l'infirme!

— Mais laisse donc ces gens, réplique Peppino, agacé par les cris de sa nièce.

La Fiat est à trente mètres de la passerelle, et Federica a vu l'homme à la casquette plier le fauteuil roulant pendant que la femme tenait l'enfant dans ses bras. Un marin est venu courtoisement les aider. Il a pris l'enfant dans ses bras. Puis, ils se sont mis à gravir la passerelle, suivis du gros en bermuda. Mais le châle a glissé légèrement, laissant entrevoir les jambes du gamin.

— Peppi! s'écrie Federica, Peppi!... C'est lui! C'est Matteo!

— Qu'est-ce que tu racontes?

— Regarde les pieds du garçon! Il porte des baskets!

— Tous les gosses portent des baskets, répond Peppino l'air dubitatif.

— Oui, mais elles sont vertes comme celles de Matteo. Avec une feuille d'érable rouge! Y a que lui qui en porte. Ça vient du Canada.

— Mmmm... allons voir ça de plus près.

Tous deux se précipitent vers la passerelle, mais un matelot les arrête.

— Billets s'il vous plaît.

— Je ne fais que monter et descendre, répond Peppi.

— Impossible, c'est interdit.

— Écoutez, j'ai mon neveu....

Il hésite à lui dire la vérité. Ce serait trop long, et puis comment être sûr que cet enfant est bien Matteo ?

— Je monte et je descends, je vous dis. Dans cinq minutes, je suis sur le quai.

— Je regrette, je n'ai pas la permission de vous laisser passer.

— Sacrebleu ! objecte Peppino, j'ai mon neveu qui est monté par mégarde ! Il faut que j'aille le chercher, sinon il partira avec le bateau et ça vous fera un passager clandestin sur les bras, sans compter une famille morte d'inquiétude !

Le marin ne répond rien. Il réfléchit.

— C'est ça que vous voulez ? Des ennuis ? crie encore plus fort Peppino.

Le matelot, toujours muet, jette un coup d'œil vers le navire, comme pour chercher l'inspiration. Peppi se calme.

— C'est un gamin dissipé et désobéissant, ajoute-t-il sur un ton plus aimable. Il est aussi très curieux. Comme son oncle... Allez, soyez chic...

Le marin consulte sa montre. Il se retourne vers Peppino.

— Allez-y, mais faites vite, parce qu'avec trois clandestins, je suis bon pour le cachot.

— Merci, soupire Peppi qui grimpe la passerelle au pas de course.

10

L'EFFET SURPRISE

Sur le pont règne la confusion la plus complète. Luttant contre le flot des voyageurs, Federica et son oncle se dirigent à bâbord à la recherche d'une porte qui leur permettra de pénétrer à l'intérieur du bateau. Des enfants courent partout en criant, des parents les appellent, des amoureux bloquent le passage, des grand-mères fatiguées traînent de grosses valises en cherchant une place pour s'asseoir quelques instants. Des chiens enfermés dans des cages jappent frénétiquement.

Peppino et sa nièce doivent se frayer un passage dans le flux de vacanciers qui se dirigent vers l'arrière du bateau pour assister au spectacle du départ.

Enfin, une porte! Ils l'ouvrent. Le brouhaha est encore pire!

Des gens entassés dans un petit hall attendent l'ascenseur. Certains empruntent l'escalier étroit pour descendre à leur cabine, croisant ceux qui remontent du garage. On se bouscule. Le personnel de bord est littéralement débordé.

— Ça ne va pas être facile, soupire Peppino.

— Surtout si cette femme est déjà dans sa cabine.

— Alors, de la méthode! Fouillons toutes les cabines en commençant par celles du bas.

Les coudes serrés pour se protéger de la marée humaine, ils s'engagent dans l'escalier.

Pendant ce temps, l'inspecteur Mancamai mène son enquête. Il rencontre le marin qui a tout entendu au restaurant *Il Porto*. Celui-ci lui donne une description assez précise de la femme et des deux hommes qui accompagnaient l'infirme.

Grande et costaude, elle porte un polo blanc et un jean. Elle a une voix bizarre. Ses cheveux courts et ondulés, noirs comme du charbon, soulignent un faciès volontaire.

Les deux hommes n'ont rien de particulier, si ce n'est que le gros porte un bermuda, et que l'autre, grand et mince, est coiffé d'une casquette.

Fort de tous ces renseignements, l'inspecteur a convoqué une dizaine de matelots :

— Ratissez le bateau, ordonne-t-il. Si vous trouvez un fauteuil roulant dissimulé quelque part, je veux en être averti immédiatement. Fouillez aussi chaque cabine.

Pendant que les marins se mettent à la tâche et que l'adjoint Angelo interroge des passagers au hasard, l'inspecteur s'allume une bonne pipe d'olivier et se rend sur le pont, à la recherche de quelque indice.

À l'étage au-dessous, dans la cabine 126, Nuraghus s'installe. Elle a déposé l'enfant sur la couchette du bas, replié le fauteuil qu'elle a glissé derrière la porte de la salle de bains. Puis elle se change, revêtant un chemisier jaune et un pantalon noir. Elle extrait de son sac à main une petite trousse. Tout ce qu'il faut pour une injection. Avec habileté, elle introduit l'aiguille dans la petite fiole pour en tirer le soporifique.

— Avec ça, mon petit ange, tu dormiras jusqu'à l'aube et vers quatre heures, quand tout sera calme, nous irons faire une belle promenade sur le pont. Et alors...Plouf ! Nuraghus sera débarrassée de tous ses problèmes !

Elle prend sa clef, un foulard et son sac à main. Elle glisse sur son nez des lunettes fumées à grosses montures et sort de la cabine dans l'espoir de prendre un café noir. Elle s'apprête à verrouiller la porte quand elle entend une fillette l'appeler de loin.

— Madame ! Pssst...

Pour mieux voir l'enfant dans le corridor un peu sombre, elle retire ses lunettes.

— C'est elle ! s'exclame Federica.

Surgit alors un mastodonte qui se précipite sur elle comme un boulet de canon. Derrière lui, la fillette crie sauvagement.

— Sale brute ! Où est mon cousin ?

Peppino saisit Nuraghus par le bras :

— Et où vas-tu comme ça, ma jolie ? Te promener ?

— Qu'est-ce que vous voulez, gros lard ? répond dédaigneusement Nuraghus en se dégageant de la poigne de Peppi.

C'est alors que Federica sort son arme surprise. Un terrible coup de talon sur les orteils.

— Aïe !... hurle la femme. Sale gosse !

En un éclair, elle comprend que tout est perdu. Il vaut mieux sauver sa peau. Elle assène une violente bourrade à Peppino et s'enfuit à la vitesse d'une torpille en direction de l'escalier.

L'oncle Peppi, encore ébranlé par le coup de poing qu'il vient d'encaisser, pousse la porte de la cabine. Il aperçoit Matteo sur la couchette du bas.

— Sacrebleu ! C'est lui ! Enfin !

Federica se précipite sur son cousin. Elle le prend par les épaules et le secoue énergiquement

— Réveille-toi, Matteo. Nous sommes là ! Oncle Peppi est là !...

Anxieuse, elle se tourne vers son oncle.

— Il est mooort, oncle Peppi!

— Qu'est-ce que tu racontes, ma chouette? répond, inquiet, l'oncle.

Il s'approche fébrilement de son neveu et lui prend le pouls... Il se tourne vers Federica.

— Mais non, il vit, souffle-t-il tout ému.

Federica tombe alors dans les bras de Peppino. Et, nos deux détectives amateurs laissent éclater leur joie et leurs pleurs qu'aucune digue au monde ne pourrait arrêter. Dans la petite cabine, ils sont devenus une foule en liesse. Leurs rires se mélangent à leurs pleurs.

— C'est fini... Ouf, c'est fini...

— Youpi, on a gagné...

— Tralala... Tralalère...

C'est l'euphorie! Le cauchemar est fini!

— Vite, il faut trouver un médecin. Il doit bien y en avoir un à bord. Va chercher de l'aide, Federica.

— Mais, je veux être là quand il se réveillera.

— Oui Federica! Et quand il se réveillera, nous ferons une fête comme tu n'en as jamais vu!

11

La poursuite

Mancamai, lui, a trouvé une piste intéressante. Le marin qui a aidé la femme à porter l'infirme a été retrouvé. Il conduit l'inspecteur dans l'escalier qui mène aux cabines.

— J'ai porté l'enfant jusqu'à la cabine 126, suivi de la dame et d'un homme à casquette. Elle est drôlement robuste cette femme. Si j'étais son mari, j'essaierais pas de la contrarier!...Ha! ha!

— Je vous dispense de vos plaisanteries, rétorque l'inspecteur qui n'aime pas les bavards.

— Pardon, inspecteur, s'excuse le matelot qui poursuit tout de même. Robuste, mais généreuse! Quand je suis sorti, elle m'a glissé un doux billet dans la poche...

— Je croyais que vous n'aviez pas le droit d'accepter de pourboire, réplique Mancamai, agacé.

— Je le lui ai dit, mais elle a insisté: «J'aime récompenser ceux qui travaillent bien», m'a-t-elle dit. Alors, que voulez-vous que...Voilà! nous y sommes, il faut tourner le coin et c'est au bout du corridor.

Paf! La collision. Une femme coiffée d'un foulard vient frapper Mancamai de plein fouet à l'angle du couloir.

— Excusez-moi, je suis pressée, marmonne-t-elle en s'esquivant rapidement.

L'inspecteur poursuit sa route vers la cabine, mais le marin reste perplexe. L'allure de cette femme... sa voix...

— La voix, crie-t-il soudain. C'est elle!

Mancamai rebrousse immédiatement chemin et se lance à la poursuite de la femme, suivi du marin. Ils atteignent l'escalier que Nuraghus a déjà emprunté. Les gens continuent d'affluer de toutes parts et il est difficile d'avancer. L'escalier est étroit. Il faut refouler les passagers qui descendent. Mancamai exhibe sa carte d'inspecteur de police.

— Laissez passer, police! s'époumone-t-il.

Le marin, pendant ce temps, joue des coudes et lui fraie un passage dans le flot des voyageurs.

Sur le pont, l'agitation est toujours à son comble. Les passagers commencent à s'impatienter. Pourquoi ne part-on pas? Il y a quelque chose qui ne tourne pas rond. Soudain, des cris.

— Poussez-vous! Laissez-moi passer!

Une grande femme bouscule tout le monde sur son passage.

Elle fait tomber une dame âgée et trébucher un enfant.

Les gens, stupéfaits, se demandent ce qui se passe. Pourquoi court-elle comme une désespérée? Quel drame peut bien frapper cette malheureuse?

— Police! Écartez-vous! s'égosille l'inspecteur Mancamai, qui a sorti son revolver.

Devant lui, le marin appelle les gens à sa rescousse.

— Arrêtez-la! C'est une criminelle!

Ces mots se répandent comme une traînée de poudre. Des touristes russes se lancent à la poursuite de Nuraghus. D'autres laissent tomber leurs valises pour les suivre. Sur le pont supérieur, des passagers crient à tue-tête, indiquant quelle direction a prise la scélérate.

Poursuivie par une foule enragée, Nuraghus échappe de justesse à quelques poignes, au passage. Plus rapide et plus agile que ses poursuivants, elle fonce vers l'avant du bateau.

— Arrêtez-la, crie la foule.

À l'extrémité du pont, deux marins arrivent en direction opposée pour bloquer le passage à la fugitive. En un éclair, Nuraghus assomme le premier d'une gifle retentissante, esquisse une feinte et déjoue le second, escalade le garde-fou et exécute un plongeon spectaculaire par-dessus bord.

Quand l'inspecteur réussit à atteindre la proue du bateau, Nuraghus s'est évaporée. Tout ce qu'il aperçoit, c'est une nageuse athlétique se diriger vers la jetée d'un crawl puissant. Elle lui a échappé. Mais rien n'est encore perdu.

— Vite, ordonne-t-il à Angelo qui l'a rejoint, prévenez le capitaine Tiramisu. Elle ne peut pas lui échapper.

12

UNE VICTOIRE AIGRE-DOUCE

L'agitation est retombée. L'inspecteur Mancamai s'allume une pipe bien méritée et, en compagnie de son adjoint, se dirige vers la cabine 126.

Depuis le seuil de la porte, il regarde Peppino et Federica qui, penchés sur Matteo, lui chuchotent des mots gentils dans l'espoir de le réveiller.

— Police, tonne l'inspecteur. Alors, on fait son enquête personnelle? On croit pouvoir me remplacer?

Peppino se retourne, surpris.

— Monsieur Manca, vous avez agi comme un inconscient, un irresponsable, je dirais même un dangereux individu!

— Mais...

— Il n'y a pas de mais! explose Mancamai. Je vous somme de vous expliquer au poste de police. Votre cas est grave!

Federica, fâchée par les propos de cet inspecteur qu'elle trouve injuste, ajoute son grain de sel :

— Ces bandits auraient pu tuer mon cousin si nous avions prévenu la police !

— C'est ta nièce ? demande ironiquement l'inspecteur.

Les deux hommes s'avancent l'un vers l'autre, en rigolant. Ils s'embrassent et se mettent à se taper dans le dos, comme deux gamins qui viennent de faire un mauvais coup.

— Tu n'es...vraiment pas rai...sonnable... hoquette Mancamai, réprimant le fou-rire qui lui secoue les épaules.

Essuyant ses yeux embués de plaisir, il poursuit :

— Tu es pire que lorsque nous étions gosses. Nous n'avons pourtant plus l'âge de jouer aux gendarmes et aux voleurs !

— Vous vous connaissez ? s'étonne Federica, complètement ahurie par cette comédie.

— Nous avons fait l'école buissonnière ensemble, s'esclaffe Peppino. Quelles virées ! Quelles rigolades !

— Ouais ! Toi, tu faisais le bon et moi, le corrompu.

— Tu es peut-être passé inspecteur, mais tu m'impressionnes pas. Moi, j'avais trouvé la bonne piste!

— Je t'engage comme adjoint! Mais j'aimerais mieux que tu t'occupes de ta vigne. Surtout si tu m'invites à fêter l'événement en dégustant le dernier de tes vins rouges.

— Quand tu veux! rétorque Peppi, enthousiasmé.

— Allons-y, enchaîne Mancamai, le bateau a assez de retard comme ça. J'ai fait venir une ambulance pour emmener Matteo à Oristano. Un médecin viendra le visiter chez toi.

Une fois l'ambulance repartie, Federica et son oncle ont pris le chemin du retour. Dans le poste de police du port, une vive discussion s'engage.

— Que voulez-vous que je vous dise? hurle le capitaine Tiramisu, j'ai été prévenu trop tard.

— Comment ça, trop tard?, réplique Mancamai. On vous a immédiatement signalé que cette femme nageait vers la jetée, n'est-ce pas Angelo?

Exaspéré, l'inspecteur ne sait plus vers qui diriger son courroux, car il commence à nourrir de sérieux doutes sur la compétence de son adjoint.

— Euh!.. Bien sûr, chef.

Un silence de plomb s'installe. Tiramisu attrape au vol une mouche, qui a eu la malencontreuse idée de venir voler sous son nez.

— Vous croyez que vous êtes les seuls à pouvoir attraper des mmm... malfaiteurs! Vous ne voulez jamais collaborer!

Il se met à arpenter la pièce, pendant qu'Angelo toussote ironiquement. Mancamai se renfrogne. Tiramisu ouvre le poing et laisse la mouche s'envoler.

— Et pendant qu'on s'engueule les bandits s'échappent.

— Vous avez raison. Inutile de nous brouiller. Racontez-moi plutôt ce qui s'est passé.

Le capitaine explique alors qu'ils ont réussi à identifier Nuraghus. C'est une fameuse chef de gang, spécialiste des extorsions de fonds, chantages et enlèvements. Jamais on n'a pu la capturer. Comme d'habitude, elle avait un complice prêt à intervenir pour la sauver.

Il raconte aussi qu'on ne pourra rien tirer de valable des deux autres acolytes de Nuraghus.

— Pourquoi donc? demande Angelo.

— Elle se débarrasse des incompétents, et de tous ceux qui lui nuisent, comme ça! répond Tiramisu en claquant des doigts.

En effet, quand les deux compères ont vu que tout était perdu, ils se sont enfuis en dévalant la passerelle, et ont été accueillis sur le quai, par une courte rafale. Quelqu'un, caché dans un canot à moteur, leur a troué la peau pour s'enfuir aussitôt avec la terrible chef de bande. Les deux hommes ont été immédiatement transportés à l'hôpital.

— Quelle histoire épouvantable, bougonne Mancamai.

— Mais ils sont hors de danger.

— Je me fiche complètement de ces deux cornichons. C'est l'autre que je voulais attraper. J'enrage. La scélérate!

— Un jour ou l'autre, nous l'aurons. C'est moi qui vous le dis, inspecteur... si vous voulez bien collaborer, ajoute le capitaine d'un ton blagueur.

— Inspecteur, demande naïvement Angelo, pourquoi ne pas les faire parler, ces deux cornichons, comme vous dites ?

— Angelo, vous êtes charmant. Ces hommes préfèrent garder leur peau intacte en prison pendant dix ans, plutôt que de se voir à nouveau transformés en passoire.

Tout le monde éclate de rire.

— Je suis content pour le neveu de Peppino Manca, ajoute l'inspecteur, mais pas complètement heureux. C'est une victoire... disons... aigre-douce.

La nuit est tombée sur la campagne sarde lorsque Mancamai arrive à la ferme de Peppino. Dans la salle à manger, la table, revêtue de sa plus belle nappe, étale porcelaines et argenteries. Roby n'a rien épargné pour le retour de Matteo et la venue de l'inspecteur. On a sorti le meilleur vin et préparé un porcelet rôti accompagné de salades variées. Avec, comme entrée, la fameuse lasagne à la Peppi.

Tout le monde est attablé et s'apprête à trinquer joyeusement lorsqu'une silhouette apparaît dans l'embrasure de la porte.

Matteo, réveillé par la joyeuse compagnie, encore un peu somnolent, écarquille les yeux, comme pour mieux comprendre ce qui se passe.

— Matteo! s'exclame Peppi. Dans mes bras!

Matteo s'approche et tombe dans les bras de Peppino qui l'installe sur ses genoux.

— Je sais que tu n'es plus un bébé, mais ce soir, laisse-moi te dorloter.

— Tu vois, lui dit Federica, c'est pour toi ce festin! Nous sommes si heureux de t'avoir retrouvé.

— Je ne me souviens plus de rien, répond Matteo. Tout ce que je sais, c'est que je ne veux plus jamais manger de gâteaux secs dans un train.

— Ce soir, dit Peppino, il y a du *tiramisu,* et je t'assure que le *tiramisu,* ce n'est pas de la tarte! Pas vrai Mancamai?

— Ha! ha! Surtout celui de Porto Torres!

Le festin s'est prolongé tard dans la nuit. Si tard que les enfants sont allés se blottir sur le divan du salon en écoutant les adultes raconter des histoires aussi folles que celle qu'ils viennent de vivre. Puis ils se sont endormis.

Pour Matteo, demain commenceront les vraies vacances. Et quel succès il aura quand il racontera ses mésaventures aux copains du Canada! Mais il ne pourra jamais oublier la terreur et l'angoisse qui l'ont habité tout au long de ce cauchemar. La peur de cette voix rauque, la peur d'être abandonné et perdu, et surtout la peur de mourir.

Il montrera à ses amis le drapeau qui lui a sauvé la vie. En racontant toutes ces histoires de flibustiers et de malfaiteurs, il pourra leur dire qu'il a percé les secrets du mystérieux drapeau sarde. Quant à ses baskets vertes, il les accrochera au mur de sa chambre en guise de porte-bonheur.

Table des matières